[...]OIRE DES LANGUES ANCIENNES ET MODERNES

MEMENTO

AU MOYEN DES EXEMPLES

[D]ES RÈGLES DE LA GRAMMAIRE LATINE

DE

M. LUCIEN LECLAIR
PROFESSEUR AGRÉGÉ DE L'UNIVERSITÉ.

GRAMMAIRE ABRÉGÉE

PARIS
LIBRAIRIE CLASSIQUE D'EUGÈNE BELIN
RUE DE VAUGIRARD, N° 52.

[...] latine de M. Leclair a été autorisée par S. Exc. le Ministre [d]e l'Instruction publique, le 30 juillet 1860.

MEMENTO

AU MOYEN DES EXEMPLES

DES RÈGLES DE LA GRAMMAIRE LATINE

THÈMES D'IMITATION

SUR

LES PRINCIPAUX AUTEURS ÉLÉMENTAIRES LATINS ET GRECS.

Cette méthode, dont le principe est l'*imitation*, se trouve aujourd'hui placée sous un éminent patronage.

A un âge où les élèves trouvent encore difficilement l'expression propre et le tour convenable, il est très-utile de proposer à leur imitation les textes qu'ils expliquent.

Ce procédé a un double avantage. A l'élève, il offre un guide infaillible ; pour le maître, c'est le plus simple et le plus sûr des contrôles : l'imitation ne pouvant être fidèle, si le texte a été mal interprété.

LHOMOND. — Epitome historiæ sacræ, précédé des éléments très-simples et les plus indispensables aux commençants, sur les noms, les adjectifs et la conjugaison des verbes latins, et suivi de *Thèmes d'Imitation* servant d'introduction pratique à l'étude de la syntaxe ; ouvrage élémentaire, à l'usage des colléges, des petits séminaires, des pensions et des pères de famille qui commencent eux-mêmes les études de leurs enfants ; par MM. Hanquez et Gillet-Damitte. Sixième édition. In-18, cart. 1 fr. 10 c.

— De viris illustribus urbis Romæ. Nouvelle édition imprimée en gros caractères, accompagnée d'un commentaire grammatical, d'un dictionnaire revu avec soin et augmenté de renseignements géographiques, historiques et mythologiques ; par M. E. Aniel, professeur agrégé de l'Université, suivie de *Thèmes d'Imitation*, par M. Rogier. 1 vol. in-12, cart. 1 fr. 50 c.

Cornelii Nepotis opera quæ supersunt. Nouvelle édition collationnée sur les meilleurs textes, contenant une notice sur la vie de C. Nepos et sur ses divers écrits et les principaux fragments des ouvrages perdus, avec des notes historiques, géographiques et grammaticales en français; par M. Brach, professeur agrégé de l'Université, suivie de *Thèmes d'imitation*, par M. Rogier. 1 vol. in-12, cart. 1 fr. 50 c.

HEUZET. — Selectæ e profanis scriptoribus historiæ. Nouvelle édition imprimée en gros caractères, avec des notes grammaticales, historiques et littéraires en français, accompagnée d'un dictionnaire des noms historiques et géographiques; par MM. le Rond et Triaire, professeurs au collége Stanislas, suivie de *Thèmes d'Imitation*, par M. Rouzé, professeur agrégé de l'Université. 1 vol. in-12, cart. 2 fr. 20 c.

ÉLIEN. — Extraits (texte grec), imprimés en gros caractères, contenant des notes historiques, géographiques et grammaticales en français, accompagnés d'un lexique grec-français ; par M. Chambon, agrégé de l'Université, professeur au lycée Louis-le-Grand. Ils sont suivis de *Thèmes d'Imitation* sur les trente premiers Extraits; par M. Dumas, agrégé de l'Université, professeur au lycée de Vanves. 1 vol. in-12, cart. 1 fr. 25 c.

Corrigés des Thèmes d'Imitation; par le même. In-12, br. 40 c.

LUCIEN. — Dialogues des morts (texte grec). Nouvelle édition imprimée en gros caractères, conforme au texte officiel, avec des notes historiques, géographiques et grammaticales en français, accompagnée d'un lexique nouveau de tous les mots contenus dans les dialogues; par M. Ditandy, docteur ès lettres, censeur au lycée d'Angoulême, suivie de *Thèmes d'Imitation* sur les quinze premiers dialogues ; par M. Rouzé, professeur agrégé de l'Université. 1 vol. in-12, cart. 1 fr. 50 c.

Corrigés des Thèmes d'Imitation; par le même. In-12, br. 75 c.

MEMENTO

AU MOYEN DES EXEMPLES

DES RÈGLES DE LA GRAMMAIRE LATINE

DE

M. LUCIEN LECLAIR

PROFESSEUR AGRÉGÉ DE L'UNIVERSITÉ

GRAMMAIRE ABRÉGÉE

NOUVELLE ÉDITION.

PARIS

LIBRAIRIE CLASSIQUE D'EUGÈNE BELIN

RUE DE VAUGIRARD, N° 52.

Tout exemplaire de cet ouvrage non revêtu de ma griffe sera réputé contrefait.

Eug. Belin

SAINT-CLOUD. — IMPRIMERIE DE Mme Ve BELIN.

MEMENTO

AU MOYEN DES EXEMPLES

DES RÈGLES DE LA GRAMMAIRE LATINE

SYNTAXE DE LA PROPOSITION.

SYNTAXE D'ACCORD.

§ 146-150. Accord du verbe avec le sujet.

1. *Homo est mortalis.* — L'homme est mortel.
2. *Audio*, j'écoute ; *doces*, vous enseignez ; *legit*, il lit.
3. *Tu rides, ego fleo.* — Vous riez et je pleure.
4. *Tu loqui sic audes !* — Vous osez parler ainsi !
5. *Petrus et Paulus ludunt.* — Pierre et Paul jouent.
6. *Ego et tu valemus.* — Vous et moi nous nous portons bien.
7. *Turpe est mentiri.* — Il est honteux de mentir.

§ 151-157. Accord de l'attribut avec le sujet.

1. *Augustus fuit imperator.* — Auguste fut empereur.
2. *Deus est sanctus.* — Dieu est saint.
3. *Puer punitus est.* — L'enfant a été puni.
4. *Pater et filius sunt boni.* — Le père et le fils sont bons.
5. *Mater et filia sunt bonæ.* — La mère et la fille sont bonnes.
6. *Pater et mater sunt boni.* — Le père et la mère sont bons.

7. *Feminæ et mancipia servatæ sunt.* — Les femmes et les esclaves furent sauvés.
8. *Rex regiaque classis una profecti sunt.* — Le roi et la flotte royale partirent ensemble.
9. *Virtus et vitium sunt contraria.* — Le vice et la vertu sont contraires.
10. *Pulchrum est pro patria mori.* — Il est beau de mourir pour sa patrie.

§ 158-164. **Accord des mots qualifiant le sujet et l'attribut.**

1. *Vir bonus est beatus.* — L'honnête homme est heureux.
2. *Horatius Cocles fuit vir fortis.* — Horatius Coclès fut un homme courageux.
3. *Ego nominor leo.* — Je me nomme lion.
4. *Aristides mortuus est pauper.* — Aristide mourut pauvre.
5. *Accurrit pavidus.* — Il accourt tremblant. — *Accurrit pavida.* — Elle accourt tremblante.
6. *Vere sapientes rari sunt.* — Les vrais sages sont rares.
7. *Cicero consul Romam servavit.* — Le consul Cicéron sauva Rome.
8. *Miror opera Ciceronis consulis et oratoris.* — J'admire les ouvrages de Cicéron, consul et orateur.
9. *Lutetia, caput Galliæ, est celeberrima.* — Paris, capitale de la France, est très-peuplée.
10. *Athenæ, clarissima civitas, eversæ sunt.* — Athènes, cité si glorieuse, a été détruite.
11. *Urbs Roma fuit caput Italiæ.* — La ville de Rome fut la capitale de l'Italie.
12. *Flumen Rhodanus est rapidum.* — Le fleuve du Rhône est rapide.

SYNTAXE DE COMPLÉMENT.

§ 166-168. COMPLÉMENT DU NOM.

1. *Filius Philippi fuit Alexander.* — Le fils de Philippe fut Alexandre.
2. *Bonitas Dei magna est.* — La bonté de Dieu est grande.
3. *Paulus est puer egregiæ indolis* ou *egregia indole.* — Paul est un enfant d'un bon naturel.
4. *Hæc navis est inusitatæ magnitudinis.* — Ce vaisseau est d'une grandeur extraordinaire.
5. *Tempus legendi venit.* — Le temps de lire est arrivé.
6. *Tempus legendi historiam venit* ou mieux *legendæ historiæ.* — Le temps de lire l'histoire est venu.

COMPLÉMENT DE L'ADJECTIF.

§ 169-170. Adjectifs qui gouvernent le génitif.

1. *Avidus laudum est.* — Il est avide de louanges.
2. *Peritus es musicæ.* — Tu es habile en musique.
3. *Sum cupidus videndi.* — Je suis désireux de voir.
4. *Sum cupidus videndi urbem* ou mieux *videndæ urbis.* — Je suis désireux de voir la ville.
5. *Sum cupidus satisfaciendi meo præceptori.* — Je suis désireux de satisfaire mon maître.

§ 171. Adjectifs qui gouvernent le génitif ou le datif.

1. *Filius similis est patris* ou *patri.* — Le fils est semblable à son père.

§ 172-173. Adjectifs qui gouvernent le datif.

1. *Id mihi noxium est.* — Cela m'est nuisible.

2. *Corpus est assuetum labori.* — Le corps est accoutumé au travail.
3. *Ranarum crura apta sunt natando.* — Les membres des grenouilles sont propres à nager.
4. *Hæc materia est idonea eliciendis ignibus.* — Cette matière est propre à faire jaillir du feu.
5. *Paratus ad audiendum* ou *audire.* — Disposé à entendre.
6. *Aptus ad militiam.* — Propre à la guerre.
7. *Natus ad arma.* — Né pour les armes.

§ 174-175. Adjectifs qui gouvernent l'accusatif avec *AD*.

1. *Cæsar propensus erat ad lenitatem.* — César était porté à la douceur.
2. *Hic juvenis proclivis ad vitium est.* — Ce jeune homme est enclin au vice.
3. *Sylla pronus erat ad irascendum.* — Sylla était prompt à se mettre en colère.
4. *Pronus erat ad ulciscendum injuriam* ou mieux *ad ulciscendam injuriam.* — Il était prompt à venger une injure.

§ 176. Adjectifs en *BUNDUS*.

1. *Tiberis est fluvius populabundus agros.* — Le Tibre est un fleuve qui ravage les campagnes.
2. *Obviam iit gratulabundus patriæ.* — Il alla à sa rencontre en félicitant la patrie.

§ 177-179. Adjectifs qui gouvernent l'ablatif.

1. *Hic puer præditus est virtute.* — Cet enfant est doué de vertu.
2. *Dignus est laude.* — Il est digne d'éloge.
3. *Spectaculum erat mirabile visu.* — C'était un spectacle admirable à voir.

4. *Difficile est satisfacere præceptori meo.* — Il est difficile de contenter mon maître.

§ 181-186. **Complément des comparatifs.**

1. *Doctior Petro Paulus est.* — Paul est plus savant que Pierre.
2. *Virtus est pretiosior auro.* — La vertu est plus précieuse que l'or.
3. *Paulus est doctior quam Petrus.* — Paul est plus savant que Pierre.
4. *Neminem novi doctiorem quam Paulum.* — Je ne connais personne plus savant que Pierre.
5. *Felicior est quam prudentior.* — Il est plus heureux que prudent.
6. *Felicius egit quam prudentius.* — Il a agi avec plus de bonheur que de prudence.
7. *Magis temerarius est quam prudens.* — Il est plus téméraire que sage.
8. *Deum cole magis pie quam magnifice.* — Honorez Dieu avec plus de piété que de magnificence.
9. *Minus peritus est quam felix.* — Il est moins habile qu'heureux.
10. *Doctior est quam putas.* — Il est plus savant que vous ne pensez.
11. *Tacere præstat quam inconsiderate loqui.* — Mieux vaut se taire que de parler inconsidérément.

§ 187-191. **Complément des superlatifs.**

1. *Cedrus est altissima arborum,* ou *ex arboribus, ou inter arbores.* — Le cèdre est le plus haut des arbres.
2. *Plato erat doctissimus Græciæ.* — Platon était le plus savant de la Grèce.
3. *Validior manuum dextra est.* — La droite est la plus forte des deux mains.
4. *Maxime omnium est conspicuus.* — Il est le plus remarquable de tous.

5. *Optimus quisque illi favet.* — Les plus honnêtes gens le favorisent.
6. *Unus militum*, ou *ex militibus*, ou *inter milites periit.* — Un des soldats a péri.
7. *Quis vestrum*, ou *ex vobis*, ou *inter vos sic locutus est?* — Qui de vous a parlé ainsi?

COMPLÉMENT DES VERBES.

§ 192-196. Complément direct à l'accusatif.

1. *Amo Deum.* — J'aime Dieu.
2. *Imitor patrem.* — J'imite mon père.
3. *Miramur virtutem.* — Nous admirons la vertu.
4. *Musica me juvat.* — La musique me fait plaisir.
5. *Gloria æterna nos manet.* — Une gloire éternelle nous est réservée.
6. *Vires nos deficiunt.* — Les forces nous manquent.
7. *Multa nos fugiunt, fallunt, prætereunt.* — Nous ignorons bien des choses.
8. *Id tuum fratrem non fugit, fallit, præterit.* — Votre frère n'ignore pas cela, *ou* sait cela.
9. *Volo proficisci.* — Je veux partir.
10. *Amat ludere.* — Il aime à jouer.
11. *Desiit loqui.* — Il cessa de parler.

§ 199-215. Complément indirect de tendance.

1. *Do vestem pauperi.* — Je donne un habit au pauvre.
2. *Deus vitam æternam justo promittit.* — Dieu promet une vie éternelle au juste.
3. *Vestis data est pauperi.* — Un habit a été donné au pauvre.
4. *Vita æterna justo promittitur.* — Une vie éternelle est promise au juste.

5. *Mundus Deo paret.* — Le monde obéit à Dieu.
6. *Favemus nobilitati.* — Nous favorisons la noblesse.
7. *Satisfecit præceptori.* — Il a contenté le maître.
8. *Defuit officio.* — Il a manqué à son devoir.
9. *Aderat huic spectaculo.* — Il était présent à ce spectacle.
10. *Id mihi accidit.* — Cela m'est arrivé.
11. *Hoc tibi expedit.* — Cela vous est avantageux.
12. *Magna calamitas tibi imminet, impendet, instat.* — Un grand malheur vous menace.
13. *Minatur mortem homini.* — Il menace l'homme de la mort.
14. *Tibi hanc victoriam gratulor.* — Je vous félicite de cette victoire.
15. *Hic homo irascitur mihi.* — Cet homme se fâche contre moi.
16. *Petivit veniam meo patri.* — Il a demandé une grâce pour mon père.
17. *Est mihi liber.* — J'ai un livre.
18. *Est mihi nomen Cæsari* ou *Cæsar.* — Je m'appelle César.
19. *Hoc erit tibi dolori.* — Cela vous causera de la douleur.
20. *Crimini dedit mihi meam fidem.* — Il m'a fait un crime de ma bonne foi.
21. *Vitio vertit mihi pigritiam.* — Il m'a blâmé de ma paresse.
22. *Scribo tibi* ou *ad te epistolam.* — Je vous écris une lettre.
23. *Hæc via ducit ad virtutem.* — Ce chemin conduit à la vertu.
24. *Te hortor ad laborem.* — Je vous exhorte au travail.
25. *Te hortor ad legendum historiam,* ou mieux *ad legendam historiam.* — Je vous exhorte à lire l'histoire.
26. *Hoc ad me pertinet.* — Cela me regarde.
27. *Hæc cura ad me attinet* ou *spectat.* — Ce soin me concerne *ou* m'intéresse.

28. *Doceo pueros grammaticam.* — J'enseigne la grammaire aux enfants.
29. *Pueri docentur grammaticam.* — La grammaire est enseignée aux enfants.
30. *Id patrem non celavi.* — Je n'ai pas caché cela à mon père.
31. *Unum deos rogavi.* — J'ai demandé une seule chose aux dieux.

§ 217-227. **Complément indirect d'éloignement.**

1. *Accepi litteras a patre meo.* — J'ai reçu une lettre de mon père.
2. *Petivit beneficium a rege.* — Il a demandé une grâce au roi.
3. *Accepi magnam voluptatem ex tuis litteris.* — J'ai ressenti une grande joie de votre lettre.
4. *Cognovi ex tuis litteris.* — J'ai appris par votre lettre.
5. *Hausit aquam ex fonte.* — Il puise de l'eau à une fontaine.
6. *Id audivi ex* ou *ab amico meo.* — J'ai entendu dire cela à mon ami.
7. *Christus redemit hominem a morte.* — Jésus-Christ a racheté l'homme de la mort.
8. *De amico suo queritur.* — Il se plaint de son ami.
9. *De suo fato queritur* ou *suum fatum queritur.* — Il se plaint de son sort.
10. *Abundat divitiis.* — Il regorge de biens.
11. *Nulla re caret.* — Il ne manque de rien.
12. *Implevit dolium vino.* — Il a rempli un tonneau de vin.
13. *Eum beneficiis cumulasti.* — Tu l'as comblé de bienfaits.
14. *Te nudavit auxilio.* — Il t'a privé de secours.
15. *Mihi opus est amico.* — J'ai besoin d'un ami; *constantia,* de fermeté.
16. *Gaudet felicitate aliena.* — Il se réjouit du bonheur d'autrui.

17. *Fruor otio.* — Je jouis du repos.
18. *Interdico tibi domo mea.* — Je vous interdis ma maison.

§ 228-232. Complément indirect exprimé par le génitif.

1. *Miserere pauperum.* — Ayez pitié des pauvres.
2. *Vivorum memini, nec possum oblivisci mortuorum.* — Je me souviens des vivants, et je ne puis oublier les morts.
3. *Patriæ* ou *patriam reminiscitur.* — Il se souvient de sa patrie.
4. *Admonui eum periculi* ou *de periculo.* — Je l'ai averti du danger.
5. *Eum certiorem feci tui consilii.* — Je l'ai informé de votre dessein.
6. *Utinam factus essem tui consilii certior!* — Plût à Dieu que j'eusse été informé de votre dessein!
7. *Tu me de vitando periculum monuisti* ou mieux *de vitando periculo.* — Vous m'avez averti d'éviter le danger.
8. *Insimulavit hominem furti.* — Il a accusé l'homme de larcin; *avaritiæ*, d'avarice.
9. *Tu me de negligentia accusasti.* — Vous m'avez accusé de négligence.
10. *Arguitur prodidisse rempublicam.* — Il est accusé d'avoir trahi la république.
11. *Jussus est ab urbe discedere.* — Il fut condamné à sortir de la ville.
12. *Me accusas proditionis crimine.* — Vous m'accusez de trahison.
13. *Hunc morte damnavit.* — Il le condamna à mort; *pecunia*, à l'amende.
14. *Socrates capitis*, ou *capite damnatus est.* — Socrate fut condamné à mort.
15. *Eum damnavit ad triremes.* — Il le condamna aux galères; *ad molam*, à tourner la meule.

§ 233-236. Complément des verbes passifs.

1. *Amor a Deo.* — Je suis aimé de Dieu.
2. *Mundus a Providentia administratur.* — Le monde est gouverné par la Providence.
3. *Mœrore conficior.* — Je suis accablé de chagrin.
4. *Hæc sententia neque nobis, neque illi probatur.* — Ce sentiment n'est approuvé ni de lui ni de nous.
5. *Mihi colenda est virtus.* — Je dois pratiquer la vertu.

---

§ 238. Complément circonstanciel.

LA CAUSE.

1. *Fame interiit.* — Il mourut de faim.
2. *Præ gaudio interiit.* — Il est mort de joie.

§ 239. Nom d'origine.

1. *Jove* ou *ex Jove natus est.* — Il est issu de Jupiter.
2. *Nobili loco ortus est.* — Il est né de noble famille.

§ 240. Nom de matière.

1. *Vas ex auro illi dedit.* — Il lui donna un vase d'or. — *Signum ex ære.* — Une statue d'airain.
2. *Vas aureum.* — Un vase d'or. — *Signum æneum.* — Une statue d'airain.

LA MANIÈRE.

§ 241-245. Nom d'instrument, de la partie, du prix et de la valeur.

1. *Vincis forma, vincis magnitudine.* — Vous l'emportez en beauté, en grandeur.
2. *Consumit tempus legendo.* — Il passe son temps à lire.

3. *Consumit tempus in legenda historia.* — Il passe son temps à lire l'histoire.
4. *Gladio eum occidit.* — Il le tua de son épée.
5. *Dentibus lupus petit.* — Le loup attaque avec ses dents.
6. *Teneo lupum auribus.* — Je tiens le loup par les oreilles.
7. *Sum quietus animo.* — Je suis calme du côté de l'âme.
8. *Natione Medus erat.* — Il était Mède de nation.
9. *Hic liber constat viginti assibus.* — Ce livre coûte vingt sous.
10. *Multo sanguine hæc victoria stetit.* — Cette victoire coûta beaucoup de sang.

§ 246-247. Nom de mesure.

1. *Id velum longum est tres ulnas.* — Ce voile est long de trois aunes.
2. *Planities tria millia passuum in longitudinem patet.* — La plaine a trois mille pas d'étendue en longueur.
3. *Duobus digitis major me non es.* — Vous n'êtes pas plus grand que moi de deux doigts.

§ 248-249. Nom de distance.

1. *Abest,* ou *distat viginti passus,* ou *passibus.* — Il est éloigné de vingt pas.
2. *Cecidit decimo passu* ou *ad decimum passum.* — Il est tombé à dix pas.
3. *Constitit tertio a Roma lapide* ou *ad tertium a Roma lapidem.* — Il s'arrêta à trois milles de Rome.

LE TEMPS.

§ 251. Question quando.

1. *Veniet die dominica.* — Il viendra dimanche. — *Mense proximo.* — Le mois prochain. — *Tertia hora.* — A trois heures.

§ 252. Question quamdiu.

1. *Regnavit tres annos* ou *tribus annis*. — Il a régné trois ans.
2. *Annibal Italiam per sexdecim annos fatigavit.* — Annibal accabla l'Italie pendant seize ans.

§ 253. Question quamdudum.

1. *Tertium annum regnat.*—Il y a trois ans qu'il règne.
2. *Multos annos utor familiariter patre tuo.* — Il y a plusieurs années que je suis lié avec votre père.
3. *Abhinc tres annos* ou *tribus annis mortuus est.* — Il y a trois ans qu'il est mort.

§ 254. Question quanto tempore.

1. *Id fecit tribus annis.* — Il a fait cela en trois ans.
2. *Deus mundum creavit intra sex dies.* — Dieu a créé le monde en six jours.

LE LIEU.

§ 257-261. Question ubi.

1. *Sum in Gallia.* — Je suis en France ; *in urbe*, dans la ville.
2. *Ambulat in horto.* — Il se promène dans le jardin.
3. *Natus est Avenione.* — Il est né à Avignon ; *Athenis*, à Athènes.
4. *Habitat Romæ.* — Il habite à Rome ; *Lugduni*, à Lyon.
5. *Cœnabam apud patrem.* — Je soupais chez mon père. — *Legimus apud Ciceronem.* — Nous lisons dans Cicéron.
6. *Ad focum sedebam.* — J'étais assis près de mon feu. — *Annibal Romanos apud Cannas devicit.* — Annibal vainquit les Romains à Cannes.

§ 262-265. **Question quo.**

1. *Eo in Galliam.* — Je vais en France ; *in urbem*, à la ville.
2. *Venerunt ad eumdem rivum.* — Ils vinrent au même ruisseau.
3. *Ibo Lutetiam.* — J'irai à Paris ; *domum*, à la maison ; *rus*, à la campagne.
4. *Eo ad patrem.* — Je vais chez mon père ; *ad sacram concionem*, au sermon.
5. *Eo lusum.* — Je vais jouer. — *Venio venatum.* — Je viens chasser ou pour chasser.
6. *Venio ad studendum,* ou *studendi causa.* — Je viens étudier ou pour étudier.

§ 266-269. **Question unde.**

1. *Redeo ex Gallia.* — Je reviens de la France ; *ex urbe*, de la ville.
2. *Ab urbe proficiscitur.* — Il s'éloigne de la ville.
3. *Redeo Roma.* — Je reviens de Rome ; *domo,* de la maison ; *rure*, de la campagne.
4. *Surgit humo.* — Il se lève de terre.
5. *Venio a patre.* — Je viens de chez mon père ; *a venatione*, de la chasse.
6. *Redeo ab ambulando.* — Je reviens de me promener ; *ab invisendo agros* ou mieux *ab invisendis agris*, de visiter mes terres.

§ 270-271. **Question qua.**

1. *Iter feci per Galliam.* — J'ai passé par la France ; *per Lugdunum,* par Lyon.
2. *Lupus Esquilina porta ingressus est.* — Un loup entra par la porte Esquiline.
3. *Via Appia profectus sum.* — Je partis par la voie Appienne.
4. *Iter faciam per domum avunculi mei.* — Je passerai par chez mon oncle.

§ 273-275. Emploi du participe.

1. *Gallus escam quærens margaritam reperit.* — Un coq en cherchant de la nourriture trouva une perle.
2. *Captam urbem hostis diripuit.* — La ville ayant été prise, l'ennemi la pilla.
3. *Hosti domito victor pepercit.* — L'ennemi ayant été dompté, le vainqueur lui pardonna.

§ 276. Ablatif absolu.

1. *Partibus factis, sic locutus est leo.* — Les parts étant faites, le lion parla ainsi.
2. *Deo juvante, res bene succedet.* — Dieu aidant, l'affaire réussira.

RÈGLES PARTICULIÈRES.

§ 278. Nom collectif sujet.

1. *Turba militum ruit* ou *ruunt.* — La foule des soldats se précipite.
2. *Magna pars hostium occisi sunt.* — Une grande partie des ennemis furent tués.
3. *Pars navium haustæ sunt.* — Une partie des vaisseaux furent engloutis.

§ 279. Qui, sujet.

1. *Ego sum qui hoc feci.* — C'est moi qui ai fait cela.

§ 280-281. Accord du relatif en genre et en nombre.

1. *Deus, qui omnia creavit, est omnipotens.* — Dieu, qui a tout créé, est tout-puissant.

2. *Colimus patrem et matrem qui liberos bene educant.* — Nous honorons le père et la mère qui élèvent bien leurs enfants.
3. *Timor et spes, quæ sunt contraria, nos semper agitant.* — La crainte et l'espérance, qui sont opposées, nous agitent sans cesse.

§ 282-283. **Accord du relatif en cas.**

1. *Puer qui est impiger satisfacit magistro suo.* — L'enfant qui est laborieux satisfait son maître.
2. *Urbs cujus mœnia aspicio magna est.* — La ville dont je vois les murs est grande.
3. *Merces qua dignus es tibi dabitur.* — La récompense dont vous êtes digne vous sera donnée.
4. *Deus quem amo bonus est.* — Dieu que j'aime est bon.
5. *Pauper, cui vestem dedi, mihi gratias egit.* — Le pauvre, à qui j'ai donné un habit, m'a remercié.
6. *Romulus, a quo Roma condita fuit, rex erat bellicosus.* — Romulus, par qui Rome fut fondée, était un roi belliqueux.
7. *Est animal, quem vocamus hominem, ratione et consilio præditum.* — Il existe un animal que nous appelons homme, doué de raison et de réflexion.

§ 285-289. *ON*, **sujet.**

1. *Virtus amatur.* — On admire la vertu.
2. *Adolescentiæ non invidetur, imo favetur.* — On ne porte pas envie à la jeunesse, au contraire on la favorise.
3. *Omnes mirantur virtutem.* — On admire la vertu.
4. *Laudamus probitatem.* — On loue la probité.
5. *Nemo sine virtute potest esse beatus.* — On ne peut être heureux sans la vertu.

§ 290. Nombre cardinal en français, ordinal en latin.

1. *Ludovicus decimus quartus rex maximus fuit.* — Louis quatorze fut un très-grand roi.
2. *Id evenit anno millesimo octingentesimo quinquagesimo nono.* — Cela arriva l'an mil huit cent cinquante-neuf; *die decimo mensis januarii*, le dix janvier; *quinta hora*, à cinq heures.

§ 292-294. Adjectifs possessifs.

EMPLOI DE *SON, SA, SES, LEUR, LEURS.*

1. *Pater amat suos liberos.* — Un père aime ses enfants.
2. *Mater te orat ut filiolo ignoscas suo.* — La mère vous prie de pardonner à son fils.
3. *Pater amat suos liberos, at eorum vitia odit.* — Un père aime ses enfants, mais il hait leurs défauts.

§ 295. Adjectifs démonstratifs.

1. *Avarus sibi ipse nocet.* — L'avare se nuit à lui-même.
2. *Vetustas ferrum ipsum exedit.*—Le temps ronge le fer même.

§ 296-297. Pronoms *ME, TE, NOUS, VOUS, LE, LA, LES, LUI, LEUR, EN, Y.*

1. *Id nobis erit noxium.* — Cela nous sera nuisible.
2. *Mihi faves.* — Vous me favorisez.
3. *Tibi promisi librum, hunc tibi dabo.* — Je vous ai promis un livre, je vous le donnerai.
4. *Dices ei.* — Vous lui direz. — *Id illis facile est.* — Cela leur est facile.
5. *Vidi tuam domum, et illius pulchritudinem miratus sum.* — J'ai vu votre maison, et j'en ai admiré la beauté.
6. *Illa sane contentus es.* — Vous en êtes bien content.
7. *Hunc puerum diligo, et ab eo diligor.* — J'aime cet enfant et j'en suis aimé.
8. *Res est gravissima, huic operam dabo.* — L'affaire est très-importante, j'y donnerai mes soins.

§ 298-300. **Pronom réfléchi** *SUI, SIBI, SE.*

1. *Superbus se laudat.* — L'orgueilleux se loue; *sibi blanditur*, il se flatte.
2. *Minis non movetur tuis.* — Il ne s'ébranle pas de vos menaces.
3. *Medici interdum errant.* — Les médecins se trompent quelquefois.
4. *Petrus et Joannes se invicem laudant.* — Pierre et Jean se louent; *inter se pugnant*, ils se battent.

§ 301-303. **Emploi de** *SE, SOI, IL, ELLE, EUX, ELLES.*

1. *Pater filium ad se vocat.* — Le père appelle son fils auprès de lui.
2. *Vulpes negavit se esse culpæ proximam.* — Le renard dit qu'il n'était pas coupable de la faute.
3. *Credo illam mentitam fuisse.* — Je crois qu'il mentait.

§ 305-306. **Pœnitet, pudet, piget, tædet, miseret.**

1. *Me pœnitet culparum mearum.* — Je me repens de mes fautes.
2. *Regem miseret hujus hominis.* — Le roi a pitié de cet homme.
3. *Puer quem pœnitet peccavisse dignus est venia.* — L'enfant qui se repent d'avoir péché est digne de pardon.
4. *Sæpe homines pœnitet pigritiæ suæ.* — On se repent souvent de sa paresse.
5. *Incipit me pœnitere culpæ meæ.* — Je commence à me repentir de ma faute.
6. *Volo me pœnitere.* — Je veux me repentir.

§ 307-312. **Refert, interest.**

1. *Interest regis vincere.* — Il importe au roi de vaincre.

2. *Tuus frater cujus interest discere piger est.* — Ton frère à qui il importe d'apprendre est paresseux.
3. *Refert, interest mea.* — Il importe; *tua*, il vous importe ; *nostra*, il nous importe.
4. *Refert mea Cæsaris.* — Il importe à moi César; *tua unius*, à vous seul.
5. *Vestra interest, qui patres estis.* — Il vous importe à vous, qui êtes pères.
6. *Utriusque nostrum interest tacere.* — Il nous importe à tous deux de garder le silence.
7. *Ad laudem civitatis interest.* — Il importe à la gloire du pays.
8. *Interest civitatis, reipublicæ.* — Il importe au pays, à l'Etat.

§ 313-315. *EST* suivi du génitif.

1. *Tota Syria Macedonum erat.* — Toute la Syrie appartenait aux Macédoniens.
2. *Est regis suos tueri.* — C'est le devoir d'un roi de défendre ses sujets.
3. *Hic liber est meus.* — Ce livre est à moi.
4. *Tuum est loqui.* — C'est à toi de parler.

§ 316. Deux verbes avec le même complément.

1. *Deus amat virum bonum illique favet.* — Dieu aime et favorise l'homme de bien.

§ 317. Changement du passif en actif.

1. *Mihi favet fortuna.* — Je suis favorisé de la fortune.
2. *Illum omnes admirantur.* — Il est admiré de tout le monde.
3. *Admirabantur Ciceronem quum diceret.* — Cicéron était admiré quand il parlait.

§ 318-326. DE L'INTERROGATION.

1. *Quis vestrum,* ou *ex vobis,* ou *inter vos sustinet hoc dicere ?* — Qui de vous ose dire cela ?
2. *Quis sua sorte contentus est ?* — Qui est content de son sort ?
3. *Quis te vocavit ?* — Qui vous a appelé ?
4. *Quem vocas ?* — Qui appelez-vous ?
5. *Cui faves ?* — Qui favorisez-vous ?
6. *Quid evenit ?* — Que se passe-t-il ?
7. *Quid virtute pulchrius ?* — Quoi de plus beau que la vertu ?
8. *Quid agis ?* — Que faites-vous ?
9. *Cui rei studes ?* — Qu'étudiez-vous ?
10. *Quæ* ou *quænam mater liberos suos non amat ?* — Quelle mère n'aime pas ses enfants ?
11. *Quota hora est ?* — Quelle heure est-il ?
12. *Quanta nobis instat pernicies !* — Quel malheur nous menace !

§ 327-328. Manière d'exprimer la réponse à une interrogation.

1. *Quis te redemit ? Jesus Christus.* — Qui vous a racheté ? Jésus-Christ.
2. *Quem miseret pigrorum ? Neminem.* — Qui a pitié des paresseux ? Personne.
3. *Quota hora est ? Septima.* — Quelle heure est-il ? Sept heures ?
4. *Cujusnam interest discere ? Mea.* — A qui importe-t-il d'apprendre ? A moi.
5. *Cujus est loqui ? Tuum.* — A qui appartient-il de parler ? A vous.

§ 329-331. Adverbes interrogatifs.

1. *Vidistine regem ?* — Avez-vous vu le roi ? — *Vidi.* — Oui. — *Non vidi.* — Non.

2. *Num vir bonus mendacio fallit?* — Est-ce que l'honnête homme trompe par le mensonge?
3. *Nonne omnes volumus esse beati?* — Ne voulons-nous pas tous être heureux?

§ 332. **Double interrogation.**

1. *Utrum hic liber tuus, an meus est?* — Ce livre est-il à vous ou à moi?
2. *Unusne mundus est, an plures?* — Y a-t-il un seul monde ou plusieurs?

---

§ 333-335. **Manière de commander et de défendre.**

1. *Puer, abige muscas.* — Laquais, chassez les mouches.
2. *Abeat, proditor.* — Qu'il s'en aille, le traître.
3. *Ne insultes* ou *ne insulta miseris;* ou bien *noli, nolite insultare miseris.* — N'insultez pas les malheureux.
4. *Ne insultemus miseris.* — N'insultons pas les malheureux.
5. *Domo ne exeat.* — Qu'il ne sorte pas de la maison.

SYNTAXE DES PROPOSITIONS.

§ 338. Union des propositions coordonnées.

1. *Veni, vidi, vici.* — Je suis venu, j'ai vu, j'ai vaincu.
2. *Vitium fugiamus, nam turpe est.* — Fuyons le vice, car il est honteux.
3. *Deus, qui mundum creavit, est omnipotens.* — Dieu, qui a créé le monde, est tout-puissant.
4. *Vidit fructum quem manu avida carpsit.* — Il aperçut un fruit qu'il cueillit d'une main avide.

PROPOSITIONS SUBORDONNÉES COMPLÉTIVES.

§ 342-343. PROPOSITION INFINITIVE.

1. *Credo Deum esse sanctum.* — Je crois que Dieu est saint.
2. *Credo te flere.* — Je crois que vous pleurez.
3. *Constat Deum esse æternum.* — Il est certain que Dieu est éternel.

§ 344-345. A quel temps on doit mettre l'infinitif en latin.

1. *Credo illum legere.* — Je crois qu'il lit.
2. *Credo illum legisse.* — Je crois qu'il a lu, qu'il avait lu.
3. *Credo illum cras venturum esse.* — Je crois qu'il viendra demain.
4. *Dico pigrum discipulum punitum iri.* — Je crois que l'élève paresseux sera puni.

5. *Credo illum, non credo illum venturum fuisse, si potuisset.* — Je crois qu'il serait venu, s'il l'avait pu, *ou* je ne crois pas qu'il fût venu, s'il l'eût pu.

§ 346-349. Futur à l'aide de *FORE, FUTURUM ESSE, FUTURUM FUISSE.*

1. *Credo futurum fuisse ut oppidum caperetur, si maturasset.* — Je crois que la ville aurait été prise, s'il s'était hâté.
2. *Credis fore ut brevi illud negotium confecerit.* — Vous croyez qu'il aura bientôt terminé cette affaire.
3. *Credo illum jam prandisse.* — Je crois qu'il aura déjà dîné.
4. *Credo, credam fore ut sileas.* — Je crois, je croirai que vous vous tairez.
5. *Credebam, credidi, credideram fore ut sileres.* — Je croyais, j'ai cru, j'avais cru que vous vous tairiez.
6. *Credebam futurum fuisse ut sileres.* — Je croyais que vous vous seriez tu.

§ 350-352. RÈGLES PARTICULIÈRES.

1. *Credis te esse beatum.* — Vous croyez être heureux.
2. *Sperat se brevi profecturum.* — Il espère partir bientôt.
3. *Vidi eum ingredientem.* — Je l'ai vu entrer.
4. *Refert adolescentis esse impigrum.* — Il importe à un jeune homme d'être laborieux.

---

§ 354. PROPOSITION CONJONCTIVE.

1. *Suadeo tibi ut legas.* — Je vous conseille de lire.
2. *Cura ut valeas.* — Ayez soin de vous bien porter.

§ 355. Quel temps du subjonctif on doit employer.

1. *Te hortor, te hortabor ut legas.* — Je vous exhorte, je vous exhorterai à lire.

2. *Suasi ut legeres.* — Je vous ai conseillé de lire.
3. *Opto ut veniat.* — Je souhaite qu'elle vienne.
4. *Opto ut venerit.* — Je souhaite qu'il soit venu.

§ 356-358. **Ne.**

1. *Tibi suadeo ne ludas.* — Je vous conseille de ne pas jouer.
2. *Timeo ne præceptor veniat.* — Je crains que le maître ne vienne.
3. *Timeo ut præceptor veniat* ou *ne non præceptor veniat.* — Je crains que le maître ne vienne pas.
4. *Cave ne cadas.* — Prenez garde de tomber.
5. *Illi dissuade ne proficiscatur.* — Dissuadez-le de partir.

§ 359-361. **Ne, quominus, quin, num.**

1. *Id impedivit ne proficiscerer.* — Cela m'a empêché de partir.
2. *Parmenio regem deterrere voluit, quominus medicamentum biberet.* — Parménion voulut détourner le roi de prendre le breuvage.
3. *Non impedio, quis impedit quin proficiscaris?* — Je ne vous empêche pas, qui vous empêche de partir?
4. *Dubito num valeat.* — Je doute qu'il se porte bien.
5. *Non dubito quin valeat.* — Je ne doute pas qu'il ne se porte bien.
6. *Quis dubitat quin virtus sit amabilis.* — Qui doute que la vertu ne soit aimable.

§ 362. **Quod.**

1. *Gaudeo quod vales.* — Je me réjouis que vous vous portiez bien.

§ 363. **Dum, donec.**

1. *Exspecta dum rex advenerit.* — Attendez que le roi soit arrivé.

PROPOSITION COMPARATIVE.

§ 364-369. **Tel... que.**

1. *Non is sum qui tu.* — Je ne suis pas tel que vous.
2. *Non is est quem putas.* — Il n'est pas tel que vous pensez.
3. *Quidam hodie rident, qui cras flebunt.* — Tel rit aujourd'hui qui pleurera demain.
4. *Qui pater est, is est filius.* — Tel père, tel fils.
5. *Ea esse debet liberalitas, ut* ou *quæ nemini noceat.* — — La libéralité doit être telle qu'elle ne nuise à personne.
6. *Ea vis est probitatis, ut illam vel in hoste diligamus.* — La force de la vertu est telle, que nous l'aimons même dans un ennemi.

§ 370. **Le même... que.**

1. *Non idem es erga me, qui fuisti olim.* — Vous n'êtes pas le même à mon égard que vous avez été autrefois.
2. *Non eadem est hodie mater mea, quam vidi olim.* — Ma mère n'est pas aujourd'hui la même que je l'ai vue autrefois.
3. *Iisdem libris utor, quibus tu.* — Je me sers des mêmes livres que vous.
4. *Virtus eadem in patre ac filio est.* — La vertu est la même dans le père que dans le fils.

§ 371-376. **Autre... que.**

1. *Alius est atque olim erat.* — Il est autre qu'il n'était autrefois.
2. *Aliter loquitur ac sentit.* — Il parle autrement qu'il ne pense.
3. *Aliæ sunt magistri partes, aliæ discipuli.* — Le rôle du maître est autre que celui de l'élève.
4. *Aliter loquitur, aliter sentit.* — Il parle autrement qu'il ne pense.

5. *Non alius est quam olim erat.* — Il n'est pas autre qu'il n'était autrefois.
6. *Nihil aliud nisi togam sumpsit.* — Il n'a pris que sa robe.

§ 377. **Autant... que, ainsi... que.**

1. *Habet tantum modestiæ, quantum doctrinæ,* ou *tantam modestiam quantam doctrinam.* — Il a autant de modestie que de science.
2. *Habet tot fructus, quot flores.* — Il a autant de fruits que de fleurs.
3. *Tam prudens est, quam fortis.* — Il est aussi prudent que brave.
4. *Tantum te amo, quantum me amas.* — Je vous aime autant que vous m'aimez.
5. *Tanti te facio, quanti me facis.* — Je vous estime autant que vous m'estimez.
6. *Tanto tibi præsto, quanto tu illi præstas.* — Je l'emporte autant sur vous, que vous l'emportez sur lui.
7. *Tamdiu pugnavit, quamdiu potuit.* — Il a combattu aussi longtemps qu'il a pu.
8. *Res toties male cessit, quoties tentata est.* — L'affaire a aussi souvent manqué, qu'on en a fait l'essai.

§ 378-379. **Tant... que, si... que.**

1. *Non in eo inest tantum doctrinæ, quantum arrogantiæ.* — Il n'a pas tant de science que de présomption.
2. *Non sunt tot fructus, quot flores.* — Il n'y a pas tant de fruits que de fleurs.
3. *Non es tam fortis, quam pater tuus.* — Vous n'êtes pas si brave que votre père.
4. *Non tanti fit, quanti tu.* — Il n'est pas si estimé que vous.
5. *Non tanta est terra, quantus sol.* — La terre n'est pas si grande que le soleil.

6. *Hæc schola non tantula est, quantula nostra.* — Cette classe n'est pas si petite que la nôtre.
7. *Tot plagas accepit, ut mortuus sit.* — Il a reçu tant de coups qu'il en est mort.
8. *Deus est tam bonus, ut amet homines.* — Dieu est si bon qu'il aime les hommes.
9. *Eo nuntio ita perculsus est, ut mortuus sit.* — Il fut si frappé de cette nouvelle qu'il mourut.
10. *Tanti facio virtutem, ut eam thesauris omnibus anteponam.* — J'estime tant la vertu, que je la préfère à tous les trésors.
11. *Tanta est Dei bonitas, ut nos amet.* — La bonté de Dieu est si grande qu'il nous aime.
12. *Stella hæc tantula est, ut perspici non queat.* — Cette étoile est si petite qu'on ne peut la voir.

§ 380. **D'autant plus... que.**

1. *Eo modestior est, quo doctior.* — Il est d'autant plus modeste qu'il est plus savant.
2. *Eo minoris est, quo superbior est.* — Il est d'autant moins estimé qu'il est plus orgueilleux.
3. *Id eo mirabilius visum est, quod a nemine exspectabatur.* — Cela a paru d'autant plus surprenant qu'on ne s'y attendait pas.

---

§ 382-383. INTERROGATION INDIRECTE.

1. *Nescis quis ego sim.* — Vous ne savez qui je suis.
2. *Amicus tuus scit quæ tu nescias.* — Votre ami sait quelles choses vous ne savez pas.
3. *Dic mihi quota hora sit.* — Dites-moi quelle heure il est.
4. *Nescio uter fuerit eloquentior.* — Je ne sais lequel des deux a été le plus éloquent.
5. *Scire velim ubi sis.* — Je voudrais savoir où vous êtes.
6. *Quam dulcis sit libertas, breviter proloquar.* — Je dirai en peu de mots combien la liberté est douce.

7. *Vides quantum te amem.* — Vous voyez combien je vous aime.

§ 384. **Temps du verbe latin dans l'interrogation indirecte.**

1. *Nescio quid agas.* — Je ne sais ce que vous faites.
2. *Nescio quid ageres.* — Je ne sais ce que vous faisiez.
3. *Nescio quid egeris.* — Je ne sais ce que vous avez fait.
4. *Nescio quid egisses.* — Je ne sais ce que vous aviez fait.

§ 386-387. **Subjonctif futur actif.**

1. *Nescio, dubito num venturus sit.* — Je ne sais s'il viendra, je doute qu'il vienne.
2. *Nesciebam, dubitabam num venturus esset.* — Je ne savais s'il viendrait, je doutais qu'il vînt.
3. *Nescio, dubito num venturus fuerit.* — Je ne sais s'il serait venu, je doute qu'il fût venu.
4. *Nesciebam, dubitabam num venturus fuisset.* — Je ne savais s'il serait venu, je doutais qu'il fût venu.
5. *Nescio, dubito futurumne sit ut illum pœniteat.* — Je ne sais s'il se repentira, je doute qu'il se repente.
6. *Nesciebam, dubitabam futurumne esset ut illum pœniteret.* — Je ne savais s'il se repentirait, je doutais qu'il se repentît.
7. *Nesciebam, dubitabam futurumne fuisset ut illum pœniteret.* — Je ne savais s'il se serait repenti, je doutais qu'il se fût repenti.
8. *Nescio, dubito futurumne sit ut illum pœnituerit.* — Je ne sais s'il se sera repenti, je doute qu'il se soit repenti.

§ 388-389. **Subjonctif futur passif.**

1. *Nescio futurumne sit ut laudetur.* — Je ne sais s'il sera loué.
2. *Nesciebam futurumne esset ut laudaretur.* — Je ne savais s'il serait loué.

3. *Nesciebam futurumne fuisset ut laudaretur.* — Je ne savais s'il aurait été loué.
4. *Nescio laudandusne sit.* — Je ne sais s'il doit être loué.
5. *Nesciebam landandusne esset.* — Je ne savais s'il devait être loué.
6. *Nescio laudandusne fuerit.* — Je ne sais s'il aura dû être loué.
7. *Nesciebam laudandusne fuisset.* — Je ne savais s'il aurait dû être loué.

PROPOSITIONS SUBORDONNÉES CIRCONSTANCIELLES.

CONJONCTIONS.

§ 392-395. Ut.

1. *Luce labora, ut nocte quiescas.* — Travaillez le jour pour reposer la nuit.
2. *Otiare, quo melius labores.* — Reposez-vous pour mieux travailler.
3. *Ut* ou *quemadmodum ignis aurum probat, ita* ou *sic miseria fortes viros.* — Comme le feu éprouve l'or, de même l'adversité éprouve l'homme courageux.
4. *Romulus, ut aiunt, a lupa nutritus est.* — Romulus fut, dit-on, nourri par une louve.
5. *Ut ab urbe discessi, eum vidi.* — Dès que je me fus éloigné de la ville, je l'aperçus.
6. *Simul ut advenit, in morbum incidit.*— Aussitôt qu'il fut arrivé, il tomba malade.

§ 396. Quod, quia, quoniam.

1. *Mecum venies, quia ita volo.* — Vous viendrez avec moi, parce que je le veux.
2. *Quoniam id cupis, non ibo lusum.* — Puisque vous le désirez, je n'irai pas jouer.

3. *Socrates accusatus est quod juventutem corrumperet.* — Socrate fut accusé de corrompre la jeunesse.
4. *Credo hunc puerum, quoniam sit impiger, mercedem accepturum esse.* — Je crois que cet enfant, puisqu'il est laborieux, recevra une récompense.

§ 397. **Dum, donec, quoad.**

1. *Id evenit, dum eram in Italia.* — Cela arriva pendant que j'étais en Italie.
2. *Donec fuit felix, multis amicis usus est.* — Tant qu'il fut heureux, il eut beaucoup d'amis.
3. *Oderint, dum metuant.*—Qu'ils haïssent, pourvu qu'ils craignent.
4. *Irati differant ultionem, donec defervescat ira.* — Que l'homme irrité diffère sa vengeance, jusqu'à ce que sa colère soit calmée.

§ 398-401. **Quum.**

1. *Quum Athenæ florerent, licentia morum urbem miscuit.* — Lorsqu'Athènes florissait, la licence des mœurs bouleversa la ville.
2. *Quum locutus esset, discessit.* — Quand il eut parlé, il se retira.
3. *Quum rex advenit, hæc verba edidit.* — Quand le roi vint, il prononça ces paroles.
4. *Proficiscar quum potero.* — Je partirai quand je pourrai,
5. *Quum patrem viderat, lætabatur.* — Quand il avait vu son père, il était joyeux.
6. *Quum id cupias, faciam.* — Puisque vous le désirez, je le ferai.
7. *Quum volueris, proficiscar.* — Puisque vous l'avez voulu, je partirai.

§ 402-404. **Si.**

1. *Si pace frui volumus, bellum gerendum est.* — Si nous voulons jouir de la paix, il faut faire la guerre.

2. *Augetur memoria, si eam exerceas.* — La mémoire s'augmente, si vous l'exercez.
3. *Si vocem haberes, nulla prior ales foret.* — Si tu avais de la voix, aucun oiseau ne l'emporterait sur toi.
4. *Si fecisses causa mea, lætarer.* — Si tu l'avais fait à cause de moi, je m'en réjouirais.
5. *Hunc librum si leges, lætabor.*—Si vous lisez ce livre, j'en serai charmé.
6. *Si feceris, magnam habebo gratiam.* — Si vous le faites, je vous en aurai une grande reconnaissance.

§ 405. **Etsi... etiamsi... tametsi.**

1. *Eloquentiæ studendum est, etsi ea quidam perverse abutuntur.* — Il faut s'appliquer à l'éloquence, quoique certaines gens en abusent indignement.
2. *Tametsi vicisse debeo, tamen de meo jure decedam.* — Bien que je doive gagner ma cause, je renoncerai à mon droit.
3. *Retinenda est gravitas, etiamsi nobis indigna audiamus.* — Nous devons garder notre gravité, quand même nous entendrions des choses indignes de nous.
4. *Bonos viros sequar, etiamsi ruent.* — Je suivrai les gens de bien, quand même ils courraient au précipice.

§ 406. **Quamvis, licet, quanquam.**

1. *Illud quamvis vehementer cupias, non impetrabis.* — Quoique vous le désiriez vivement, vous ne l'obtiendrez pas.
2. *Licet pulchra sit gloria, virtus tamen pulchrior.* — Quoique la gloire soit belle, la vertu est encore plus belle.
3. *Quanquam Annibal rei militaris prudens erat, tamen apud Zamam victus est.* — Bien qu'Annibal fût versé dans l'art militaire, il n'en fut pas moins vaincu à Zama.

§ 407. **Antequam... priusquam.**

1. *Antequam de hac re loquor, pauca mihi dicenda sunt.* — Avant de parler de cette affaire, je dois dire quelques mots.
2. *Tempestas minatur, antequam surgat.* — La tempête menace avant d'éclater.
3. *Ducentis annis antequam Romam caperent, in Italiam Galli transcenderunt.* — Deux cents ans avant que de prendre Rome, les Gaulois pénétrèrent en Italie.

§ 408. **Postquam, posteaquam.**

1. *Eo postquam Cæsar pervenit, obsides poposcit.* — Après que César fut arrivé là, il demanda des otages.
2. *Decem annis posteaquam profectus erat, domum rediit.* — Dix ans après qu'il était parti, il revint dans ses foyers.

---

§ 410-413. PRONOM CONJONCTIF.

1. *Pyrrhus misit legatos qui pacem peterent.* — Pyrrhus envoya des ambassadeurs chargés de demander la paix.
2. *O beatam matrem, quæ talem habeas filium !* — Heureuse mère, d'avoir un tel fils !
3. *Divitias appetimus, quas utiles ducimus.* — Nous recherchons les richesses, parce que nous les croyons utiles.
4. *Pater tuus, qui valido esset corporis habitu, sæpe ægrotabat.* — Votre père, bien qu'il fût d'un extérieur robuste, était souvent malade.

---

§ 415-416. PROPOSITION PARTICIPE.

1. *Annibal in Italiam pervenit, Alpibus superatis* ou *postquam Alpes superavit.* — Annibal arriva en Italie après avoir passé les Alpes.

2. *Solon viguit, Servio regnante,* ou *quum Servius regnaret.* — Solon fleurit pendant le règne de Servius.
3. *Nulla vitæ jucunditas est, sublata amicitia,* ou *si amicitia tollitur.* — La vie n'a plus de charme, si l'on enlève l'amitié.
4. *Huic laudi fuit bene tolerata paupertas.* — On lui fit un mérite d'avoir bien supporté la pauvreté.
5. *Ab urbe condita,* ou *post urbem conditam.* — Depuis la fondation de Rome.

§ 417-419. **Participes français qui manquent en latin.**

1. *Cicero consul quum esset, rempublicam servavit.* — Cicéron étant consul, sauva la république.
2. *Cicero quanquam fuerat consul, tamen in exsilium actus est.* — Cicéron ayant été consul, fut néanmoins envoyé en exil.
3. *Mus elephanto quum occurrisset, ei dixit.* — Un rat ayant rencontré un éléphant, lui dit.
4. *Cæsar aggressus Pompeium, devicit.* — César ayant attaqué Pompée, le vainquit.
5. *Quum Deus ei favisset, consilium perfecit suum.* — Etant favorisé de Dieu, il vint à bout de son entreprise.
6. *Quamvis latrones eum persecuti essent, evasit.* — Ayant été poursuivi par des voleurs, il s'échappa.

FIN.

ENSEIGNEMENT UNIFORME DES LANGUES ANCIENNES ET [illegible]

RAMENÉ AUX PRINCIPES LES PLUS SIMPLES

GRAMMAIRE DE LA LANGUE FRANÇAISE

PAR M. L. LECLAIR, PROFESSEUR AGRÉGÉ DE L'UNIVERSITÉ

APPROUVÉE PAR LE CONSEIL SUPÉRIEUR DE PERFECTIONNEMENT DE L'ENSEIGNEMENT [illegible]

Petite grammaire des Écoles primaires. In-12, c. 65 c. *Le même*, corrigés, 1 [illegible]
Exercices supplémentaires. In-12, cart. 80 c. *Le même*, corrigés, 1 [illegible]
Traité d'analyse grammaticale et d'analyse logique. In-12, cart. 1 fr. 25 c.

GRAMMAIRE ÉLÉMENTAIRE. Nouvelle édition. In-12, cart. 65 c.
EXERCICES ÉLÉMENTAIRES. In-12, cart. [illegible] c. — *Le même*, corrigé. In-12, br. 1 fr.

GRAMMAIRE ABRÉGÉE. Nouvelle édition. In-12, cart. 90 c.
EXERCICES ORTHOGRAPHIQUES. 1 fr. 20 c. — *Le même*, corrigé. In-12, br. 1 fr. 50 c.

GRAMMAIRE COMPLÈTE. Nouvelle édition. In-12, cart. 1 fr. 50 c.
EXERCICES FRANÇAIS. In-12, cart. 1 fr. 50 c. — *Le même*, corrigé. In-12, br. 2 fr.

Cours de dictées, divisé en quatre parties; par le même. In-12, cart. 1 fr. 60 c.

GRAMMAIRE DE LA LANGUE LATINE

PAR LE MÊME

OUVRAGE APPROUVÉ PAR L'UNIVERSITÉ

GRAMMAIRE ÉLÉMENTAIRE. Nouvelle édition. In-12, cart. 80 c.
EXERCICES ÉLÉMENTAIRES (Thèmes et Versions); par M. MAILFAIT. In-12. 1 fr. 50 c. — *Le même*, textes et corrigés. 3 fr.

GRAMMAIRE ABRÉGÉE. Nouvelle édition. In-12, cart. 1 fr. 25 c.
EXERCICES sur la Grammaire abrégée; par le même. In-12, cart. 1 fr. [illegible] — *Le même*, textes et corrigés. In-12. [illegible]

GRAMMAIRE COMPLÈTE. Nouvelle édition. In-12, cart. 2 fr.
EXERCICES sur la Grammaire complète; par le même. In-12, cart. 1 fr. [illegible] — *Le même*, textes et corrigés. In-12. [illegible]

Memento des règles de la Grammaire latine (abrégée). 35 c. — (complète). 50 c.

GRAMMAIRE DE LA LANGUE GRECQUE

PAR MM. L. LECLAIR ET L. FEUILLET

GRAMMAIRE ABRÉGÉE. Nouvelle édition. In-8°, cart. 1 fr. 60 c.
EXERCICES (Thèmes et Versions). 1 fr. 50 c. — *Le même*, textes et corrigés. In-12. 2 fr.

GRAMMAIRE COMPLÈTE. Nouvelle édition. In-8°, cart. 3 fr.
EXERCICES GRECS (Thèmes). In-12. 2 fr. 50 c. — *Le même*, textes et corrigés. In-12. 4 fr.

Versions grecques sur la Grammaire complète; par M. Feuillet. In-12, c. 2 fr. 50 c.
Le même, textes et corrigés; par le même. In-12, br. 4 fr.

GRAMMAIRE DE LA LANGUE ANGLAISE

PAR M. L. LECLAIR

COURS ÉLÉMENTAIRE. Nouvelle édition; par MM. LECLAIR et SÉVRETTE. In-12, cart. 1 fr. 50 c.
LE MÊME, suivi des corrigés des exercices pour le thème et la version. 2 fr. 50 c. — *Les corrigés seuls.* In-12, br. 1 fr. 50 c.

GRAMMAIRE COMPLÈTE. Nouvelle édition. In-12, cart. 1 fr. 80 c.
EXERCICES (Thèmes et Versions). In-12. 2 fr. — *Le même*, suivi des corrigés. 3 fr. 50 c. — *Les corrigés seuls.* In-12, br. 2 fr.

GRAMMAIRE DE LA LANGUE ALLEMANDE

PAR MM. L. LECLAIR ET SKLOWER

COURS ÉLÉMENTAIRE, contenant des exercices pour le thème et la version. In-12, cart. 1 fr. 50 c.
LE MÊME, suivi des corrigés des exercices pour le thème et la version. 2 fr. 50 c. — *Les corrigés seuls.* In-12, br. 1 fr. 50 c.

Approuvé par le Conseil supérieur de perfectionnement de l'enseignement spécial.

GRAMMAIRE COMPLÈTE. In-12, cart. 2 fr. 25 c.
EXERCICES (Thèmes et versions). 2 fr. 25 c. — *Le même*, suivi des corrigés. 4 fr. — *Les corrigés seuls.* In-12, br. 2 fr.

La même Méthode appliquée aux langues espagnole et italienne sera publiée ultérieurement.

www.ingramcontent.com/pod-product-compliance
Ingram Content Group UK Ltd.
Pitfield, Milton Keynes, MK11 3LW, UK
UKHW021118230726
13926UKWH00002B/549

9 782014 438048